Inhaltsverzeichnis

Mein Forscherheft Wiese

Name: ______________________ Datum: ____________

BVK • Jule Kling: Mein Forscherheft Wiese

Vorwort

Entdeckendes Lernen bedeutet, dass die Kinder durch Anreize selbst Erkenntnisse gewinnen und vor allem **handelnd ihre Umwelt begreifen.**

Kinder sind von Natur aus neugierig und möchten die Welt, in der wir leben, verstehen. Vieles begreifen und erfassen sie am besten, wenn sie es selbst erfahren dürfen, wenn sie selbst Blätter sammeln, Rinde fühlen, an Blumen riechen, die Sterne betrachten, Regenwürmer anfassen oder etwas einpflanzen und beim Wachsen beobachten dürfen. So entsteht ein direkter Kontakt zur Natur, der wichtig ist, um sie als schützenswert wahrzunehmen. Und auch das Lernen wird **nachhaltig verankert,** denn oftmals wird das selbst Erlebte viel besser behalten als angelesenes Wissen.

Die Forscherhefte sind wie kleine Anleitungen zum Entdecken und Erfahren, die **Kinder eigenständig bearbeiten** können. Sie eignen sich als Hausaufgabe genauso wie als Teil der Wochenplanarbeit oder für die OGS. Im Sachunterricht können sie eine Unterrichtsreihe oder auch eine Projektwoche zum Thema begleiten.
Wenn es nicht möglich ist, die Erfahrungen in der Umgebung der Schule zu machen und das auch im häuslichen Umfeld nicht möglich ist, bietet sich eine Exkursion an. Ein Tag im Wald, in einem Park oder auf der Wiese, ein Tag bei einem Gemüsebauern oder einem Imker lohnt sich und lässt die Kinder auch wichtige Zusammenhänge erkennen. Außerdem sollten die Kinder die Möglichkeit haben, selbstständig nach Informationen zu suchen. Hierzu kann ein Büchertisch vorbereitet werden, auf dem verschiedene Sachbücher bereitliegen. Darüber hinaus können die Kinder angeleitet werden, mit Hilfe des Internets nach Informationen zum Thema zu suchen.

Besonders schön ist es, wenn die Kinder aus den Kopiervorlagen des Forscherheftes ein **eigenes Heft** machen können. Dazu werden die Seiten gelocht und mit einem Band zusammengebunden oder auch getackert. Das Deckblatt kann farbig gestaltet und das Forscherheft nach und nach bearbeitet werden. Dabei ist die Reihenfolge der Seiten variabel. Oder die Seiten werden zunächst bearbeitet und gesammelt und anschließend zu einem Forscherheft gebunden. Dieses fertige Heft kann auch als Projektarbeit gewertet oder als Überblick über den Lernzuwachs genutzt werden. Vor allem aber ist es ein Schatz an Erkenntnissen, den die Kinder mitnehmen können.

Viel Spaß bei der Umsetzung, beim Entdecken und Forschen!

Ihr BVK-Team

Hinweis zum Blumenpflücken: Bitte keine Pflanzen ausreißen. Nur so viel pflücken, wie für die Aufgabe gebraucht wird. Pflanzen sind wichtig und bieten Tieren Schutz und Nahrung. Bitte vorsichtig damit umgehen!

Die Stockwerke der Wiese (1)

Aufgaben

1. Lies den Text und schaue dir das Bild auf Arbeitsblatt (2) an.
2. Schneide die Begriffe aus.
3. Ordne sie den Schichten der Wiese zu und klebe sie auf.
4. Male das Bild bunt.

Die Wiese kann man wie ein Haus in **verschiedene Stockwerke** einteilen.
In jedem Stockwerk leben unterschiedliche Tiere.

Die Bodenschicht liegt unter der Erde. Sie ist der Keller der Wiese. Hier wurzeln die Pflanzen. In der Bodenschicht leben zum Beispiel Würmer, Ameisen, Maulwürfe und Mäuse. Sie graben den Boden um und kommen nur selten an die Oberfläche.

Über der Bodenschicht ist **die Streuschicht.** Dort liegen Pflanzenreste und Blätter. Die Streuschicht bietet zum Beispiel Käfern, Grillen und Schnecken ein Zuhause.

Die Blattschicht liegt über der Streuschicht. Hier wachsen die Stängel, Halme und Blätter der Pflanzen. Raupen, Heuschrecken, Marienkäfer und Spinnen suchen in der Blattschicht nach Nahrung.

Die Blütenschicht bildet das Dach der Wiese. Dort wachsen die Blüten der Pflanzen. Mit ihrem Nektar locken sie Bienen, Hummeln, Fliegen und Schmetterlinge an.

Bodenschicht
Streuschicht
Blattschicht
Blütenschicht

Die Stockwerke der Wiese (2)

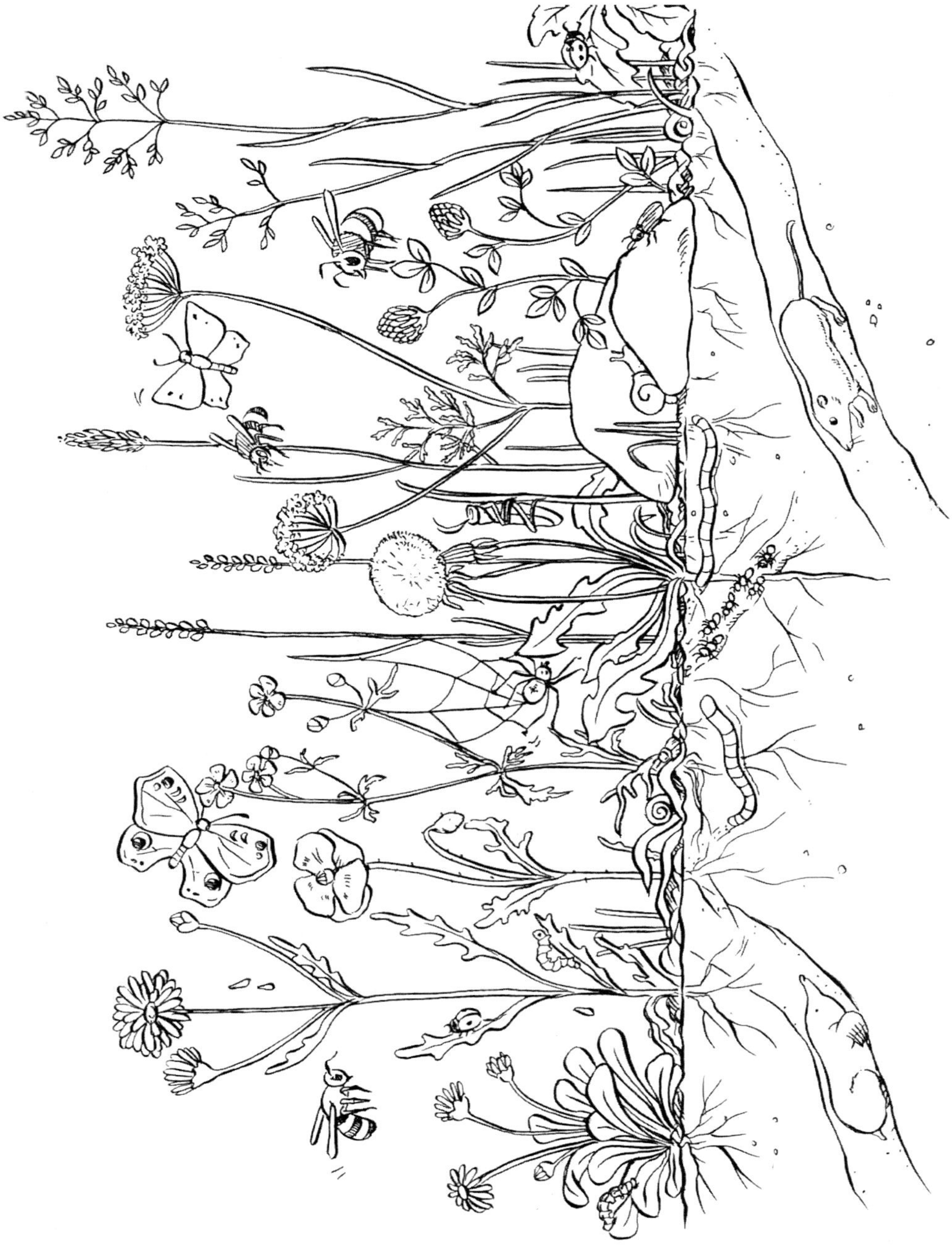

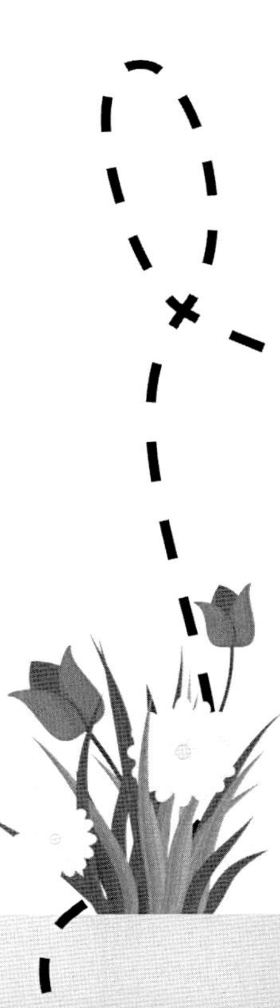

Wiesenblumen

Aufgaben

1. Welche Wiesenblumen kennst du? Verbinde richtig.
2. Male die Blumen in den passenden Farben aus.
3. Wachsen bei dir im Garten, im Schulgarten oder in deiner Wohngegend Wiesenblumen? Sammle Blätter, Blüten oder mache Fotos. Stelle sie in der Klasse vor.

Löwenzahn

Gänseblümchen

Klee

Hahnenfuß

Wiesenschaumkraut

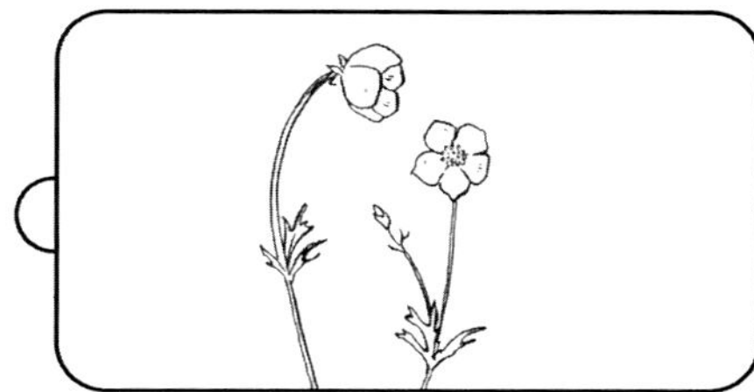

Schafgarbe

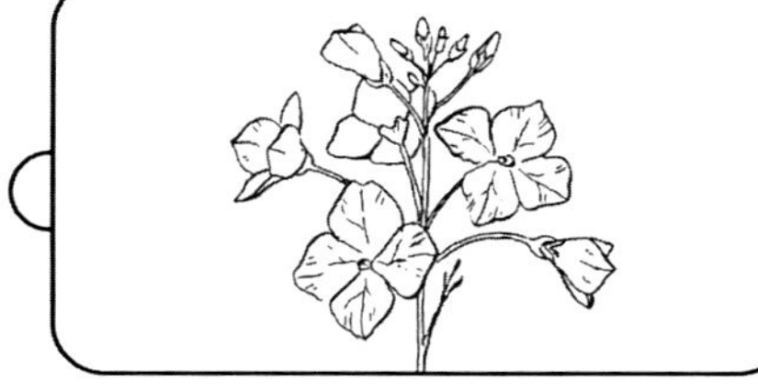

Das Gänseblümchen

Das Gänseblümchen ist eine Pflanze. Eine Pflanze hat **Wurzeln,** die sie in der Erde festhält. Über die Wurzeln nimmt die Pflanze Wasser und Nährstoffe auf. Der stabile **Stängel** lässt die Pflanze aufrecht stehen. Am Stängel wachsen die **Blätter.** In den Blättern findet die Fotosynthese statt. Dabei produziert die Pflanze Sauerstoff. Oben auf dem Stängel sitzt die **Blüte.** Sie lockt viele Insekten an.

Aufgaben

1. Schaue dir draußen auf einer Wiese verschiedene Pflanzen an. Kannst du auch ein Gänseblümchen entdecken?
2. Beschrifte die Abbildung des Gänseblümchens.

Wiesenblumen-Steckbrief

Aufgaben

1. Suche dir eine Wiesenblume aus.
2. Gehe nach draußen. Kannst du deine Blume dort finden?
   Sieh dir die Blume genau an. Was fällt dir alles auf?
3. Fülle den Steckbrief für deine Blume aus. Du kannst passende Bilder malen oder Fundstücke einkleben.
   Suche dazu im Internet nach Bildern und Informationen:
   www.helles-koepfchen.de, www.fragfinn.de

Wiesenblume:

____

Blüte: ______________________

Blätter: ______________________ Höhe / Größe: ______________

Duft: ____

Besonderheiten: _____________________________________

____

Hier habe ich die Blume gefunden:

____

Wiesentiere

Aufgaben

Auf der Wiese leben viele verschiedene Tiere!

1. Schaue dir die Bilder an.
2. Welche Wiesentiere kennst du?

   Schreibe die Namen der Tiere auf die Linien.

   Tipp: Die Wörter im Kasten helfen dir.

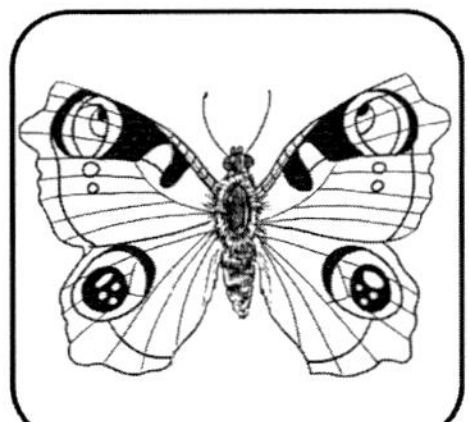

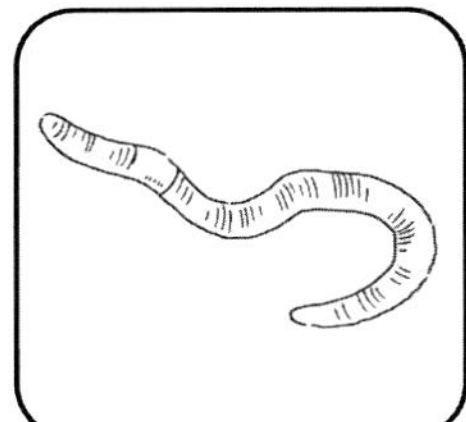

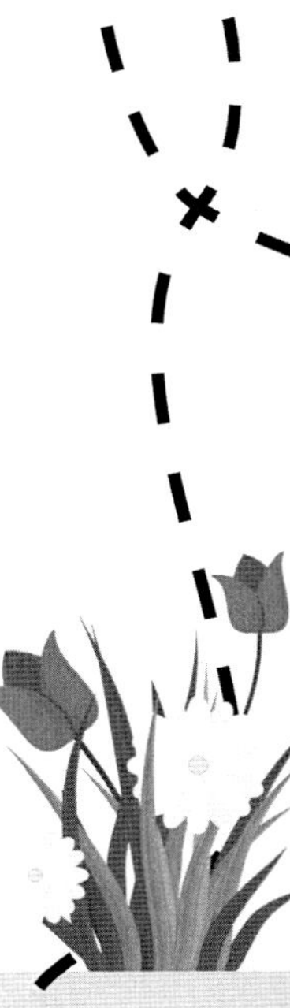

Schmetterling – Ameise – Käfer – Schnecke –
Regenwurm – Maulwurf – Biene – Maus – Raupe

Lebewesen auf der Wiese (1)

Aufgaben

1. Gehe nach draußen zu einer Wiese.
   Welche Lebewesen entdeckst du? Wo auf der Wiese leben sie?
   Überlege, warum die Wiese wichtig für die Tiere ist.
2. Male deine Beobachtungen in das Wiesen-Bild unten.
3. Suche dir nun ein Tier aus und fülle den Steckbrief auf Arbeitsblatt (2) aus. Male das Tier oder klebe ein Bild auf.
   Du kannst auch im Internet nach Bildern und Informationen suchen:
   www.helles-koepfchen.de, www.fragfinn.de

Lebewesen auf der Wiese (2)

Steckbrief

Name: ______________________

____

Aussehen: ______________________

____

____

____

Futter/Ernährung: ______________________

____

____

So lebt das Tier auf der Wiese: ______________________

____

Besonderheiten: ______________________

____

____

Der Marienkäfer (1)

Aufgaben

1. Lies den Text über den Marienkäfer.
2. Suche auf einer Wiese nach einem Marienkäfer.
   Nimm ihn vorsichtig auf deine Hand.
   Tipp: Du kannst ihn gut mit einer Becherlupe beobachten!
3. Wie viele Punkte hat dein Marienkäfer? Zähle.
4. Beschrifte die Abbildung auf Arbeitsblatt (2).

Der Körper des Marienkäfers besteht aus drei Teilen:
Kopf, Brust und **Hinterleib.**

Der Marienkäfer hat sechs **Beine** und zwei **Augen.**

Mit seinen beiden **Fühlern** kann er riechen und tasten.

Die roten **Deckflügel** sind hart und schützen den Körper des Käfers.
Auf den Deckflügeln sind schwarze **Punkte.**

Die **Hautflügel** sind weich. Damit kann der Marienkäfer fliegen.

Den Marienkäfer kannst du oft in der Blattschicht finden.
Dort frisst er gern Blattläuse.

Mein Marienkäfer hat ______ Punkte.

BVK • Jule Kling: Mein Forscherheft Wiese

Der Marienkäfer (2)

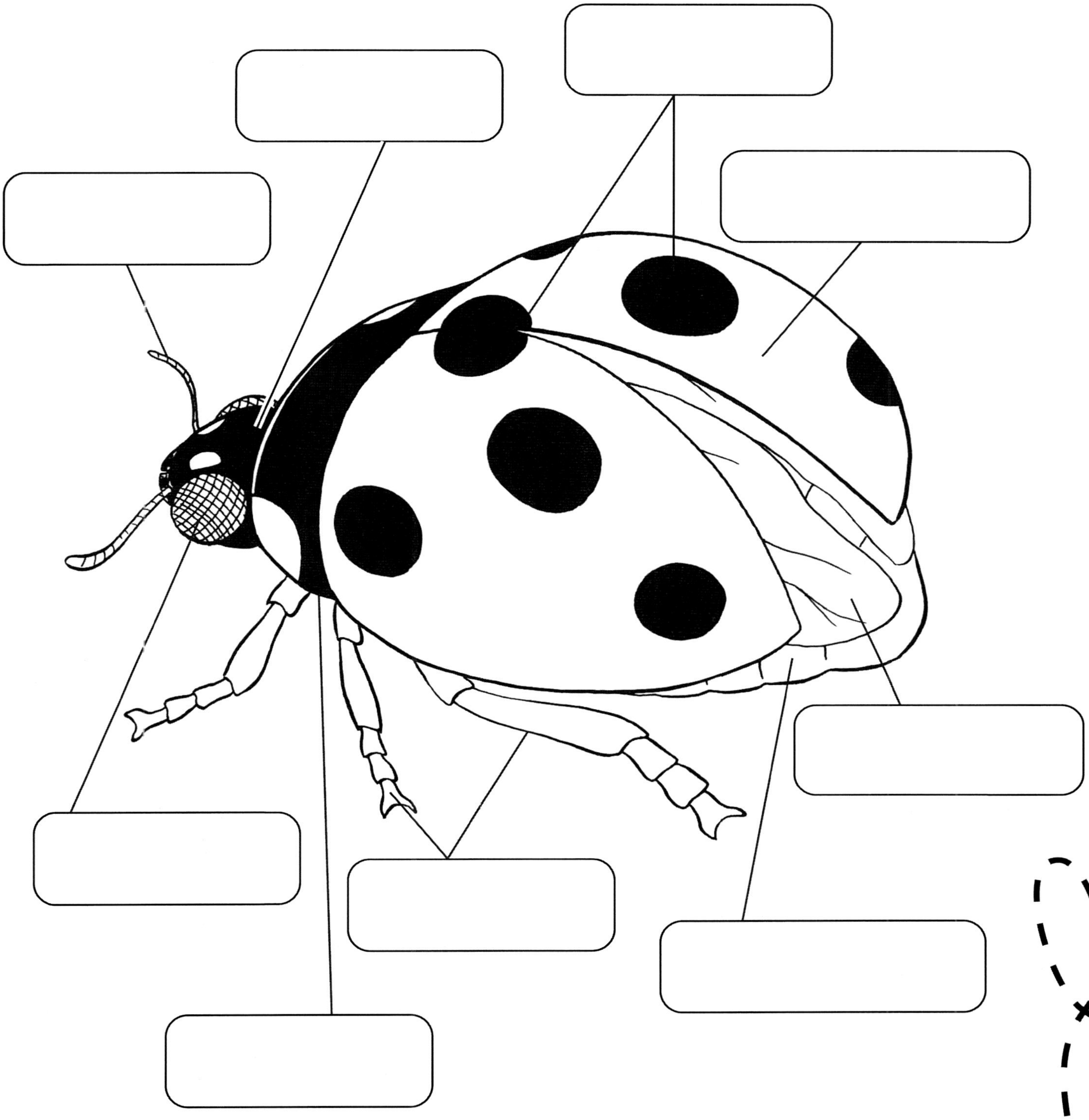

Kopf – Brust – Hinterleib – Auge – Beine – Fühler –
Deckflügel – Punkte – Hautflügel

Die Streuobstwiese

Aufgaben

1. Gehe nach draußen und suche eine Streuobstwiese.
   Tipp: Wenn du keine Streuobstwiese in der Nähe hast, suche Informationen in Büchern oder im Internet!
2. Sammle Blätter, Blüten oder auch Früchte von den Bäumen.
   Stelle sie in der Klasse vor.
3. Welche Obstbäume hast du auf der Wiese entdeckt?
   ☒ Kreuze an.
4. Ordne die Früchte den richtigen Bäumen zu.

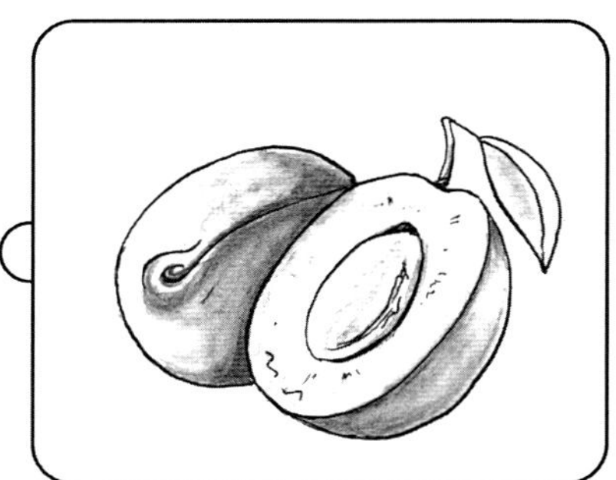
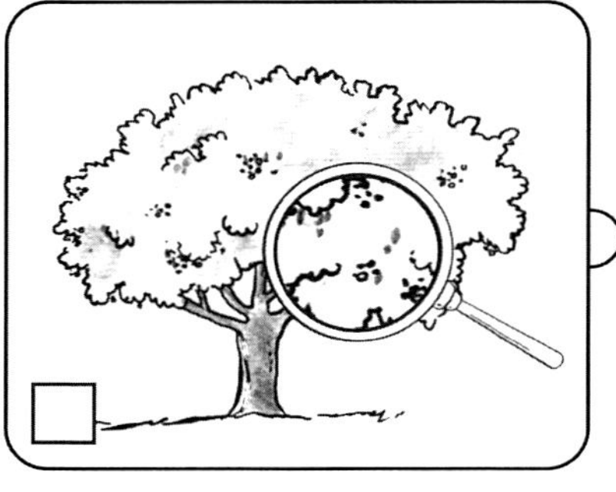

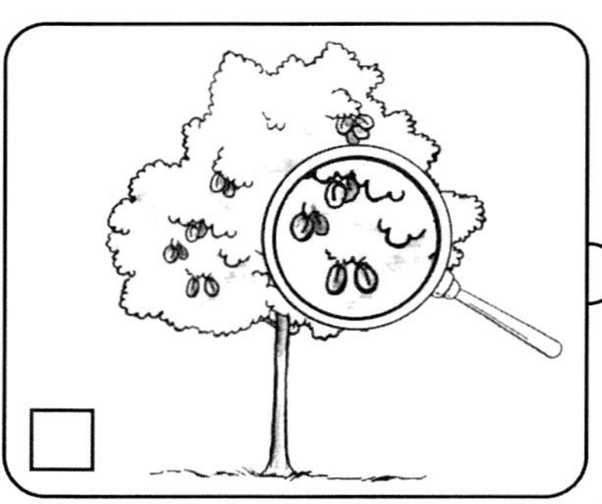

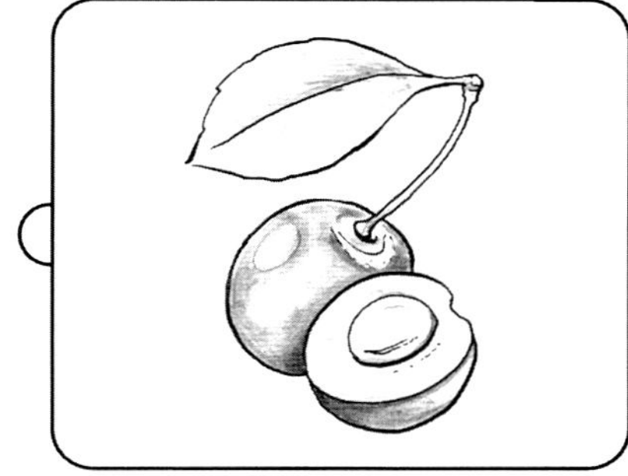

Die Feuchtwiese

Feuchtwiesen befinden sich in der Nähe von Flüssen oder Seen und werden oft überschwemmt. Dadurch haben sie einen sehr nassen Boden.
Auf der Feuchtwiese leben zum Beispiel Frösche, Kröten oder Wasservögel.

Aufgaben

1. Gehe nach draußen und suche eine Feuchtwiese.
   Tipp: Wenn du keine Feuchtwiese in der Nähe hast, suche Informationen in Büchern oder im Internet!
2. Mache dir Notizen! Was kannst du über die Feuchtwiese herausfinden? Welche Pflanzen und Tiere gibt es dort?
3. Klebe ein Foto oder ein Bild von der Feuchtwiese in das Kästchen.
4. Stelle deinen Notizzettel in der Klasse vor.

Hier befindet sich die Feuchtwiese:

____

____

Diese Pflanzen wachsen auf der Wiese:

____

____

____

Foto

Diese Tiere habe ich entdeckt:

____

____

Das ist mir noch aufgefallen:

____

Mini-Herbarium

Aufgaben

1. Pflücke auf der Wiese verschiedene Blumen.
   Achtung: Reiße keine kompletten Pflanzen heraus!
   Gehe vorsichtig mit den Blumen um.
2. Trockne und presse die Blüten.
   Du kannst dafür eine Blumenpresse oder Bücher nutzen.
3. Klebe die Blumen in den Kasten. Schreibe ihre Namen dazu.

Blüten-Bild

Anleitung

Du brauchst: (getrocknete) Blüten, Blumenpresse oder schwere Bücher, Bilderrahmen, Papier, Stift, Schere, Kleber

So geht es:

1. Gehe nach draußen und pflücke Blumen von einer Wiese.
   Achtung: Reiße keine kompletten Pflanzen heraus!
   Gehe vorsichtig mit den Blumen um.
2. Trockne und presse die Blüten.
   Du kannst dafür eine Blumenpresse oder schwere Bücher nutzen.
3. Öffne vorsichtig deinen Bilderrahmen. Lege das Papier in den Rahmen und fahre die Konturen mit dem Stift nach.
4. Schneide das Papier passend für den Rahmen aus.
5. Lege die Blüten auf das Papier.
   Wenn dir dein Bild gefällt, klebe die Blüten auf.
6. Lasse dein Bild gut trocknen.
7. Lege dein Blüten-Bild in den Bilderrahmen und verschließe ihn.

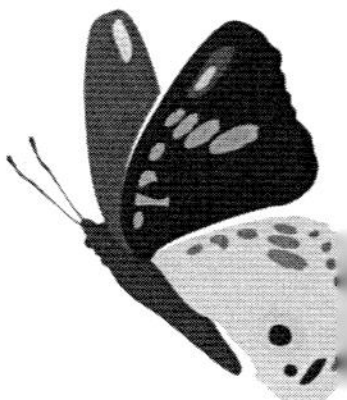

Wiesen-Träumerei

Suche dir einen gemütlichen Platz auf einer Wiese. Lege dich ins Gras und mache es dir bequem. Schließe deine Augen. Spürst du das Gras zwischen deinen Fingern? Riechst du die Wiesenblumen? Hörst du das Summen und Brummen der Insekten?

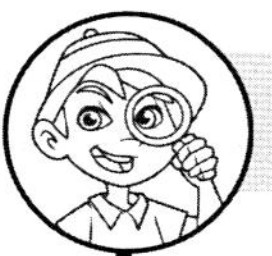

Aufgabe

Was hast du auf der Wiese geträumt? Woran hast du gedacht?
Male oder schreibe in die Gedankenblase.

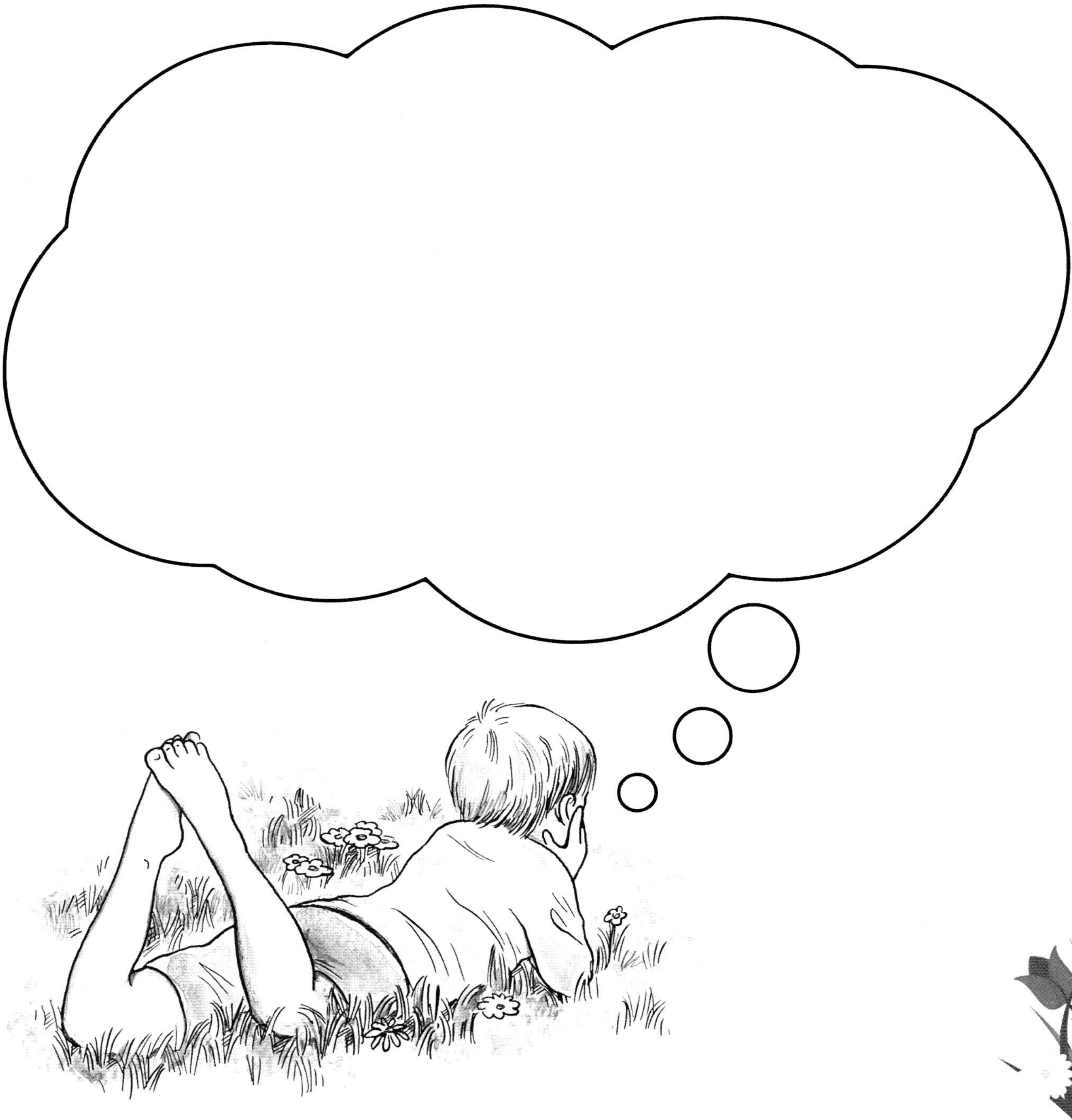

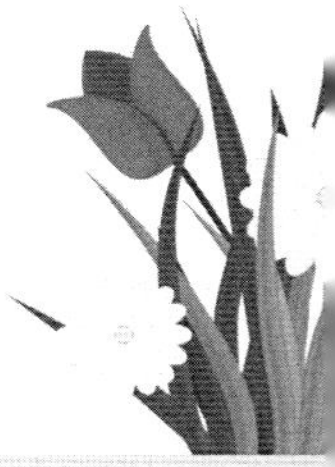

BVK • Jule Kling: Mein Forscherheft Wiese

Gefahren für die Wiese

Aufgaben

1. Schaue dir die Bilder an.
2. Was passiert auf den Bildern? Warum sind die Situationen gefährlich für die Wiese und ihre Bewohner? Schreibe auf!
3. Wie kann man die Wiese mit ihren Pflanzen und Tieren schützen? Sprecht in der Klasse darüber.
   Tipp: Informiere dich im Internet, zum Beispiel unter: *www.bund-naturschutz.de oder www.nabu.de/umwelt-und-ressourcen/oekologisch-leben/balkon-und-garten/index.html*

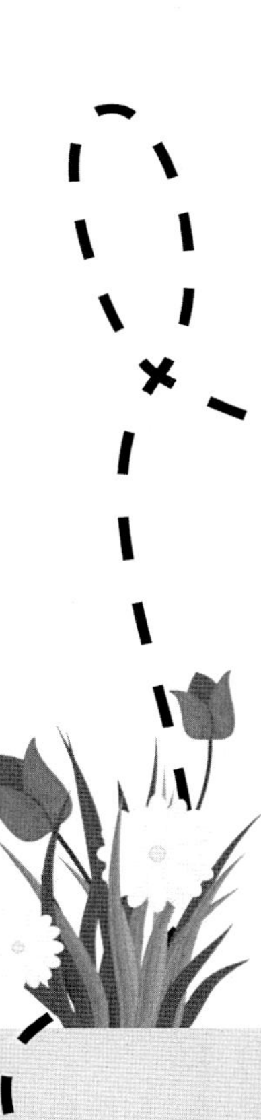

Mein Wiesen-Leporello

Aufgaben

1. Schneide das Leporello aus und falte.
2. Male oder schreibe auf.
3. Klebe Bilder und Fundstücke von der Wiese ein.

Was hast du über Wiesen gelernt?

Was hast du auf der Wiese beobachtet?

Welche Wiesenblumen und Tiere kennst du?

Bilder

Wiesen-Heft von:

Fundstücke

Kleber